AF322685

El León y el Elefante

Un libro de arte para niños

Escrito por M. Dorsett
Ilustrado por August Lewis
Traducido por Estefania Vidal

BOOTSTRAP
PUBLICATIONS

Special discounts on bulk quantities of Bootstrap Publications
books are available.
For details contact:
www.bootstrappublications.com

Library of Congress Cataloguing in Publications Data

Dorsett, M., 1985-
The Lion and the Elephant/ M Dorsett

Paperback ISBN: 978-1959220022
Hardcover ISBN: 979-8348505998

Printed in the United States of America on environmentally
conscious material

El León y el Elefante

Por: ______________________________

El León y el Elefante se encontraron en la selva.

Los dos estaban perdidos y tenían miedo.

Cuando se encontraron se alegraron y se pusieron a jugar.

El León hizo que el Elefante se sintiera **valiente**.

El Elefante hizo
que el León
se sintiera
fuerte.

Un día la Reina llegó a la selva.

JUNGLE

La Reina se asombró al ver juntos al el Elefante y el León.

La Reina dijo: "Esto no está bien, esto está muy mal.

Leones y elefantes unidos? No es normal!"

"Los leones nacen muy felices.

Corren y comen carne.

No les gusta comer maíces."

"Protegen la tierra como un guardián.

Por eso lo llaman el rey de la selva.

Todo es parte del gran plan."

"Los elefantes caminan y pasan todo el día en compañía."

WATERFALL

"Los elefantes tienen trompas gigantes.

Con ella toman mucha agua fría."

"Caminan y con sus trompas largas comen pasto, hojas y otras tonterías."

"Que bueno
llegué para
explicarles las
cosas."

"Deben vivir
separados."

La Reina
ordenó.

"Antes que sea
demasiado
tarde."

El tiempo pasó y el León se convirtió en el rey de la selva.

El León tenía muchos seguidores.

Todos amaban al León pero el León no estaba contento.

El Elefante nunca lo vino a visitar.

ROYAL
MEET AND
GREET

El Elefante
también estaba
muy triste.

Zz

Aunque tenía muchos otros amigos elefantes para pasar el rato. with.

Todos los días el Elefante caminaba la selva, pensando en lo que estaría haciendo el León.

Un día el Elefante caminó tan lejos que se alejó de la selva!

NEWLAND

El Elefante encontró un lugar diferente, e hizo nuevos amigos.

El Elefante comenzó a cantar y bailar.

¡Fue muy divertido!

Le informaron al Rey León de un elefante que cantaba y bailaba.

Le pareció extraño, entonces el Rey lo invitó a actuar.

BREAKING NEWS

¡En las próximas páginas, dibuja y escribe lo que sucederá después en la historia del León y el Elefante! Como en **tu** propia vida, escribe el final de esta historia.

Cómo dibujar: **El León!**

Intenta dibujar el León

Cómo dibujar: **El Elefante!**

Dibujar tres círculos	Añade cara, trompa y orejas	Rellena el cuerpo

¡Usar lápiz!

Voila!
¡El
Elefante!

Dibuja sobre tu Elefante con bolígrafo

Intenta dibujar El Elefante

Cómo dibujar: **La Reina!**

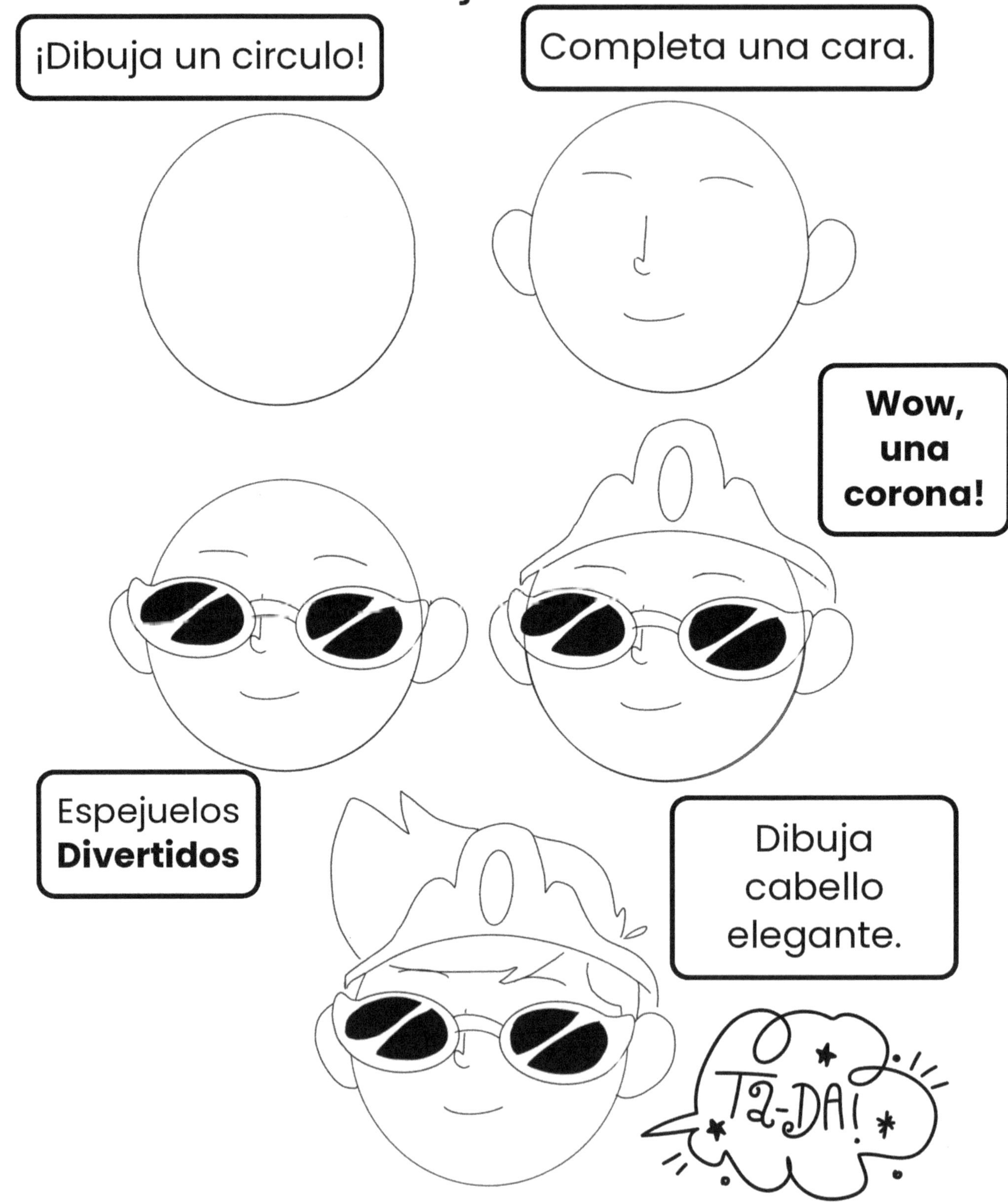

Intenta dibujar a La Reina

Intenta dibujar a La Reina

Escribe tu historia aquí

Dibuja tu historia aquí

Dibuja tu historia aquí

Escribe tu historia aquí

Dibuja tu historia aquí

Escribe tu historia aquí

Dibuja tu historia aquí

Dibuja tu historia aquí